बस्स ! बहुत हो चुका

(कविता-संग्रह)

बस्स! बहुत हो चुका

ओमप्रकाश वाल्मीकि

वाणी प्रकाशन

प्रकाशन के उत्कृष्टतम 61 वर्ष

सजिल्द पहला संस्करण : 1997
सजिल्द दूसरा संस्करण : 2017
सजिल्द तीसरा संस्करण : 2024

vaniprakashan.com

वाणी प्रकाशन

4695, 21-ए, दरियागंज, नयी दिल्ली-110 002

फ़ोन : +91 11 23273167, 23275710

शाखाएँ

अशोक राजपथ, पटना-800 004, बिहार

कॉफ़ी हाउस कैम्पस, महात्मा गांधी मार्ग, प्रयागराज-211 001, उत्तर प्रदेश

महात्मा गांधी अन्तरराष्ट्रीय हिन्दी विश्वविद्यालय, वर्धा-442 001, महाराष्ट्र

36/ए, शेक्सपियर सरणी, रानी बिरला गर्ल्स कॉलेज के पास, कोलकाता-700 017, प. बंगाल

sales@vaniprakashan.in
vaniprakashan@gmail.com

BASS! BHUT HO CHUKA
by Omprakash Valmiki

ISBN : 978-81-7055-521-6
Poetry Callection

मूल्य : ₹ 395

सिटी प्रेस, दिल्ली-110 095 में मुद्रित

वाणी प्रकाशन का लोगो मक़बूल फ़िदा हुसेन की कूची से

दलित चेतना के प्रखर कवि
हीरा डोम
को सादर समर्पित

क्रम

साभार

हंस, नवभारत टाइम्स, दैनिक हिन्दुस्तान, लोकमत समाचार, इन्द्रप्रस्थ भारती, युद्धरत आम-आदमी, प्रज्ञा-साहित्य, दर्द के दस्तावेज, इन दिनों, न्याय चक्र, अंगुत्तर, विपाशा, लोकशासन, उन्नयन

पेड़

पेड़,
तुम पेड़ उसी वक्त तक
पेड़ हो,
जब तक ये हरे पत्ते
हिल रहे हैं
तुम्हारी टहनियों पर।

पेड़,
तुम्हारा हरापन उसी वक्त तक है
जब तक ये पत्ते सही सलामत हैं
तुम्हारी टहनियों पर।

पेड़,
तुम उसी वक्त तक पेड़ हो,
जब तक ये पत्ते
तुम्हारे साथ हैं
पत्ते झरते ही
पेड़ नहीं ठूँठ कहलाओगे
जीते जी मर जाओगे !

शायद आप जानते हों

यज्ञों में पशुओं की बलि चढ़ाना
किस संस्कृति के प्रतीक हैं
मैं नहीं जानता
शायद आप जानते हों !

अर्थ बदल कर शब्दों के
गढ़ लेना असंख्य प्रतीक,
ऋग्वेद के कृष्ण को
महाभारत में फिट कर के
हो जाना आत्म विभोर
सो जाना गहरी नींद में
देख नहीं पाना सपनों में
पन्ने फाड़कर बाहर आती क्रूर हँसी
जो चुपके-चुपके दीमक की तरह
खा गयी तहखानों में सहेज कर
रखी संस्कृति को
संस्कृति और संस्कृत में
क्या सम्बन्ध है
मैं नहीं जानता
शायद आप जानते हों !

श्मशानों के भूत-पिशाच
मरघट का वैराग्य नहीं जानते
भवानी का खप्पर भी अभी खाली है
गले में नरमुंड डालकर जब
वह नृत्य करेगी
जलती इमारत की छत से
छलाँग लगाकर आत्महत्या भी नहीं
कर पाओगे

तुम्हारे रचे शब्द
तुम्हें ही डसेंगे साँप बनकर

गंगा किनारे
कोई वट वृक्ष ढूँढ़कर
भागवत का पाठ कर लो
आत्मतुष्टि के लिए
कहीं अकाल मृत्यु के बाद
भयभीत आत्मा
भटकते-भटकते
किसी कुत्ते या सूअर की मृत देह में
प्रवेश न कर जाये
या फिर पुनर्जन्म की लालसा में
किसी डोम या चूहड़े के घर
पैदा न हो जाये !

चूहड़े या डोम की आत्मा
ब्रह्म का अंश क्यों नहीं है
मैं नहीं जानता
शायद आप जानते हों !

मुट्ठी भर चावल

ओ, मेरे प्रताड़ित पुरखो
तुम्हारी स्मृतियाँ
इस बंजर धरती क़े सीने पर
अभी जिन्दा हैं
अपने हरेपन के साथ।

तुम्हारी पीठ पर
चोट के नीले गहरे निशान
तुम्हारे साहस और धैर्य को
भुला नहीं पाये हैं अभी तक।

सख्त हाथों पर पड़ी खरोंचें
रिसते लहू के साथ
विरासत में दे गयी हैं
ढेर-सी यातनाएँ
जो उगानी हैं मुझे इस धरती पर
हरे-नीले-लाल फूलों में।

बस्तियों से खदेड़े गये
ओ, मेरे पुरखो
तुम चुप रहे उन रातों में

जब तुम्हें प्रेम करना था
आलिंगन में बाँधकर,
अपनी पत्नियों को।

तुम तलाशते रहे
मुट्ठी भर चावल
सपने गिरवी रखकर।

ओ, मेरे अज्ञात, अनाम पुरखो
तुम्हारे मूक शब्द
जल रहे हैं
दहकती राख की तरह
राख : जो लगातार काँप रही है
रोष में भरी हुई।

मैं जानना चाहता हूँ
तुम्हारी गन्ध···
तुम्हारे शब्द···
तुम्हारा भय···
जो तमाम हवाओं के बीच भी
जल रहे हैं
दीये की तरह युगों-युगों से !

वह मैं हूँ !

मुँह-अँधेरे बुहारी गयी सड़क में
जो चमक है–
वह मैं हूँ !

कुशल हाथों से तराशे
खिलौने देखकर
पुलकित होते हैं बच्चे
बच्चे के चेहरे पर जो पुलक है–
वह मैं हूँ !

खेत की माटी में
उगते अन्न की खुशबू–
मैं हूँ !

जिसे झाड़-पोंछकर
भेज देते हैं वे
उनके घरों में
भूलकर अपने घरों के
भूख से बिलबिलाते बच्चों का रुदन
रुदन में जो भूख है–
वह मैं हूँ !

प्रताड़ित-शोषित जनों के
क्षत-विक्षत चेहरों पर
घावों की तरह चिपके हैं
सन्ताप भरे दिन
उन चेहरों में शेष बची हैं
जो उम्मीदें अभी–
वह मैं हूँ !

पेड़ों में
नदी का जल
धूप-हवा में
श्रमिक-शोणित गन्ध
बाढ़ में बह गयी झोंपड़ी का दर्द
सूखे में दरकती धरती का बाँझपन
वह मैं हूँ
सिर्फ मैं हूँ !!!

उपोत्पाद

पैदा हुए, वैसे ही
जैसे होते हैं पैदा
गलियों में कुत्ते-बिल्ली।

पैदा हुए, वैसे ही
जैसे होती है खेत में पैदा
खर पतवार
हरी दूब झाड़-झंखाड़।

पैदा हुए, वैसे ही
जैसे खांड बनाने की प्रक्रिया से
पैदा होता है शीरा
पेट्रोल से तार कोल।

पैदा हुए, वैसे ही
जैसे जंगल में उगते हैं पेड़
पहाड़ पर पत्थर
नदी में रेत,
रेत में सीपियाँ
सीप में मोती।

मोती से बनती है माला
जिसे गले में डालकर
बैठते हैं वे राजसिंहासन पर
और, हम
खो जाते हैं
अँधेरे में वैसे ही
जैसे पैदा हुए
गुमनाम
उपोत्पाद की तरह।

बाहर आयेंगे एक दिन

नहीं मिला दूध उसे
सफेद-काली गाय का
नहीं खाया उसने
दही और मक्खन कभी
नहीं सोया गद्देदार बिस्तर पर।

लगातार लड़ा है वह
बेहया मौसम से।

पाला है भूखे बच्चों को
बहला-फुसला कर
इस इन्तजार में
कि एक रोज बीत जायेंगे
ये सन्ताप भरे दिन।

टूटकर बिखर जायेंगे
आदिम भेड़ियों के दाँत।

काले पृष्ठों पर अदृश्य लहू की गन्ध
पहचान लेंगे एक दिन
उसके भूखे-प्यासे बच्चे।

नहीं निहारेंगे दूर खड़े होकर
लहलहाती फसलें
जिसे उगाने में
रक्त पिया है पुरखों का
इस धरती ने।

नहीं भरेंगे उनकी कोठियाँ और गोदाम
अनाज के बोरों से।

ये भूखे-प्यासे बच्चे
बाहर आयेंगे एक दिन
बन्द अँधेरी कोठरियों से
कच्ची माटी की गन्ध
साँसों में भरकर !

मिट्टी के कच्चे घर

मिट्टी के कच्चे घर
होते हैं पारदर्शी
जान लेते हैं आस पड़ौस का सुख-दुःख
आसानी से।

मिट्ट के कच्चे घर
जहाँ समय लठैत की
बलात्कारी मुद्रा में
दरवाजे पर झाँकता है।

मिट्टी के कच्चे घर
बिना रोशनदान
बरसों करते हैं इंतजार
सूर्य की भूली-भटकी किरण का
या फिर ढह जाते हैं चुपचाप
किसी बरसाती रात में।

मिट्टी के कच्चे·घरों से
कोई गली
बाहर नहीं निकलती
खत्म हो जाती है

एक अंधे मोड़ पर
जहाँ न कोई साइन बोर्ड है
न कोई नारा लिखा है
न चिपका है कोई पोस्टर
किसी दीवार पर
जबकि,
कच्चे घर नहीं रोकते
एक दूसरे को
करीब आने से
खड़े रहते हैं सटकर
जुलूस में खड़ी भीड़ की तरह।

खेत उदास हैं

चिड़िया उदास है–
जंगल के खालीपन पर
बच्चे उदास हैं–
भव्य अट्टालिकाओं के
खिड़की-दरवाजों में कील की तरह
ठुकी चिड़िया की उदासी पर

खेत उदास हैं–
भरपूर फसल के बाद भी
सिर पर तसला रखे हरिया
चढ़-उतर रहा है एक-एक सीढ़ी
ऊँची उठती दीवार पर

लड़की उदास है–
कब तक छिपाकर रखेगी जन्मतिथि

किराये के हाथ
लिख रहे हैं दीवारों पर
'उदास होना
भारतीयता के खिलाफ है' !

कच्ची मुँडेर पर

कबूतर की तरह बैठी लड़की
सपनों भरी आँखों में
बुनती है दहशत

हथेली की ओट से
ताकता है दूर जाते पाहूने को
बूढ़े दिनों का प्रलाप

गलियारे की गर्द
हलाक हो जाती है
दहलीज से लिपटकर

मुँडेर से फिसलकर
कीचड़ में तब्दील हो जाते हैं आँसू

बैल के खुर में
जागती है रात भर
खेत की माटी
रीत जाता है
उम्र का फासला
कच्ची मुँडेर पर।

अँधेरे की नदी

जब वह गर्भ में था
उसके चारों ओर घना अँधेरा था।

जब पैदा हुआ
आसपास की चीजों पर
नजर डाली
सब कुछ धुँधला-सा था।

माँ की सिसकियाँ
दादी की खुरदरी उँगलियाँ
महसूस कीं उसने
अपनी नर्म त्वचा पर।

धूप ने उसके कानों में
फुसफुसाकर कहा
जिसके सहारे वह आँगन से बाहर निकला।

धूप की तेज गन्ध
उसके भीतर समा गयी
उसने चिल्ला कर आवाज़ दी–
"तुम कहाँ हो धूप ?"

धूप ने कहा–
"सबसे ऊँची इमारत के सबसे ऊँचे
कमरे में कैद हूँ।"

उसे लगा,
जैसे वह डूब रहा है
अँधेरे की नदी में।

उसकी मुट्ठी खाली थी
पेट खाली था
शरीर पर लिपटा था
एक मटमैला चिथड़ा।

उसने सख्त, खुरदरी धरती को छूकर देखा
जो कराह रही थी
ठीक उसी तरह
जैसे सिसकती है उसकी माँ
पहाड़-से दिनों
और समन्दर-सी रातों में।

आदिमरूप

एक-एक करके
वे सभी अपने-अपने पक्ष में
तर्क देते रहे
और, मैं चुपचाप सुनता रहा
निरन्तर बजता रहा
मेरे भीतर अनहद नाद
सन्नाटों की खामोश चीख-सा।

शब्दों का खोखलापन
बार-बार उजागर हुआ
फिर भी कहीं एक विश्वास बचा रहा
कि एक न एक दिन
शब्द अपने आदिम रूप में
उपस्थित होकर साक्ष्य देंगे
जनसमूह के बीच।

बचा रहा विश्वास
कि एक न एक दिन
सारे तर्क
लम्पट बौद्धिकता में लिपटे साबित होंगे
और,

उजाड़ साँझ के बाद का अँधेरा
छिन्न-भिन्न होकर
उजली धूप का आभास होगा।

धूप जो सुबह-सबेरे
छत पर आकर जगाती है
बिना किसी तर्क के
उतर आती है चुपके-चुपके
सखी-सहेली की तरह
अदम्य शक्ति से भरी हुई।

शब्द ! तुम्हें कसम है
एक न एक दिन तुम
उतरोगे पृथ्वी पर
धूप बन कर !

घृणा तुम्हें मार सकती है

चाहे संकीर्ण कहो या पूर्वाग्रही
मैं जिस टीस को बरसों बरस
सहता रहा हूँ
अपनी त्वचा पर
सूई की चुभन जैसे,
उसका स्वाद एक बार चखकर देखो
हिल जायेगा पाँव तले ज़मीन का टुकड़ा।

मेरे और तुम्हारे बीच
एक रेतीला ढूह है
जो किसी अंधड़ का इन्तजार करने से पहले
किसी भी वक्त फट सकता है
जिसके गर्भ से निकलेंगे
घृणा में लिपटे कुटिल शब्द
जिन्हें जलना होगा
दहकती भट्ठी में
रोटी की महक में बदलने के लिए।

रोटी की महक
जानती है आग का स्वाद
और,

पहुँचती है नासिका रन्ध्र तक
हड्डियों के रस में डूब कर।

यदि, तुम्हें पहुँचना है
इस महक तक
अपने कापुरुष से कहो
भय छोड़कर बाहर आये
जैसे छत पर आती है धूप।

घृणा तुम्हें मार सकती है
तोड़ सकती है
पर अपने ही दायरे में
जिन्दा नहीं रख सकती
ताजा हवा देकर
और, नहीं सुना सकती
प्रेम कविता
मौसम के रंगीन पंखों पर बैठाकर !

पण्डित का चेहरा

बार-बार दोहराने पर भी
याद नहीं आता
गाँव के उस पण्डित का चेहरा
जिसके मटमैले बस्ते में
ठुँसी होती थीं
कुछ पुरानी पोथियाँ
पोथियों में भरे होते थे शब्द
शब्दों में अर्थ।

शब्द कभी झूठ नहीं बोलते
झूठ बोलते हैं उनके अर्थ।

अर्थ : जिसे बदल लेता था
गाँव का पण्डित
दक्षिणा की राशि देखकर।

पण्डित का चेहरा
याद क्यों नहीं आता ?
जबकि मैं सब कुछ
याद कर लेना चाहता हूँ
जो कुछ भी लिखा था

उस पण्डित की पोथी में !

यदि लिखा था सब कुछ
तो क्यों डाँटकर भगा दिया था
मेरी माँ को पण्डित ने
उस वक्त, जब वह पूछने गयी थी
मेरा भविष्य।

माँ भी अनपढ़, देहातिन
जिसकी उँगलियों में बसी थी गन्ध
मिट्टी और गोबर की
उसे विश्वास था
पण्डित की पोथी पर
उसी तरह जैसे विश्वास था
माटी की गन्ध पर।

पण्डित का चेहरा
याद करना चाहता हूँ
पुस्तकों की दुकान में
पुस्तकालयों में तलाशता हूँ
उस तुड़ी-मुड़ी पीले रंग की पोथी को
जो दुर्लभ अप्राप्य वस्तु की तरह
कहीं दिखायी नहीं देती
मैं जानना चाहता हूँ
उस पोथी में
मेरा नाम लिखा था या नहीं।

यातना

शारीरिक यातनाओं से
बड़ी यन्त्रणा होती है–
इच्छाओं के विरुद्ध जीना
या देखते-देखते छिन जाना
उन क्षणों का
जिनसे हँसा जा सकता था
गुनगुनाया जा सकता था
हवाओं की तरह।

हवा : जो विचारों-सी
हल्की होती है
और धूप-सी भारी।

आँखें : जिसे खोजना चाहे
वह यदि खो जाये
नर-कुलों के बियाबान जंगल में
और, अजनबी-सी परिचय की गन्ध
फैल जाये इर्द-गिर्द
मेरु दंड तोड़कर
डर समा जाये
जिस्म के पोर-पोर में

जब अतीत और वर्तमान
मिलकर एक हो जायें
धुएँ के बीच
टूटती सिसकियाँ
जमीन पर घुटने टेक दें
चुप हो जाये
खून से नहाया हर एक श्वास
प्रत्यक्ष आँखों में डूब जाये
दुपहर
अपनी ही धड़कनें
चुभने लगें उँगलियों में
फाँस की तरह–
उम्र का वह लमहा
किसी यातना से कम नहीं होता।

हिंसा का अर्थ

अतीत से वर्तमान के बीच
चीखों की अनुगूँज
नहीं लिखी गयी दस्तावेज की तरह
जो समझा सके
हिंसा का सही-सही अर्थ।

निर्दयता से मारे गये लोगों की चुप्पी
खामोश कन्दराओं में
अतीत की पर्तों के नीचे
जाग रही है
सरसराती हवा ने नहीं उठाया कोई पत्थर कभी
प्रतिशोध में
गूँजती हँसी के खिलाफ़।

जाने कहाँ दुबकी हैं
गर्म रक्त की उसाँसे
विलाप से आरक्त आँखें
शोक में डूब कर भटक गयी
अन्धे-गहरे सायों में।

शून्य की चौखट पर

अध्यात्म की खिड़की नहीं खुली
सर्द रातों में
पुआल भी गरमी का अहसास भर ही रहा
सुन्न हाथ-पाँव
अँधेरे में टटोलती उँगलियाँ
सिर पटक-पटक कर
लहू लुहान हो गयी
सुबह की दहलीज पर।

क्षितिज के पास काला धुआँ
लाल रक्त की तरह
हमक रहा है
अतीत का आर्तनाद
इतिहास के नकलीपन में
खोज रहा है
हिंसा का सही-सही अर्थ।

अकाल

जब भूख से लड़ने के लिए
हम चला रहे थे खेत में हल
दूर-दूर तक
आकाश में
बादल का कोई भी टुकड़ा नहीं था
सूख रही थी नदी चुपचाप।

पहाड़ों में सूराख करके
खोखला कर देने की क्रिया
आकाश में उड़ती चील ने देखी
और बाज़ को बताया
बाज़ ने कबूतर को
कबूतर ने बिल्ली को
बिल्ली ने कटोरे में रखे दूध को देखा
दूध कुनमुनाया
बछड़ा रम्भाया
गाय ने बैल को बताया।

बैल कन्धे पर जुआ थामे
सिर झुकाये नाप रहा था
ताज़ा हल चले खेत की गहरायी।

बैल का सिर हिला
गले में बँधी घण्टियाँ खनकी
बीज बोते हाथ ठिठके
और आँख के कोर से
एक बूँद ढुलक कर
नम कर गयी ज़मीन को !

आकाश अब भी खाली था।

हवा, धूप और धरती

सब कुछ है
तुम्हारी मुट्ठी में
हवा, धूप और धरती।

धूप : सबसे पुरानी मित्र है तुम्हारी
जो आकाश-सी तनी है सिर पर
गलीचे-सी बिछी है धरती पर।

मुट्ठी खाली नहीं है
जैसे खाली नहीं है मस्तिष्क।

दूर क्षितिज पर
दरख्तों की एक साँवली-सी रेखा
जोड़ती है धरती और आकाश को
जैसे साँझ जोड़ती है रात और दिन को।

मुट्ठी खाली नहीं है
जैसे खाली नहीं है धरती।

हवा की सरसराहट
गुजरती है पास से

धारदार चाकू की तरह
जिसे तुम छुओ या न छुओ
चुपचाप उतर जायेगी
तुम्हारे फटे लिहाफ में
सर्द रातों की तरह।

जहाँ कुछ नहीं होता
वहाँ हवा होती है
खालीपन भर देने के लिए।

घृणा और प्रेम कहाँ से शुरू होते हैं ?

याद करो,
उस माँ का चेहरा
जिसका बेटा सरेआम पीटा गया
निर्ममता से
जिसने चाहा था करना दोस्ती
जंगल के फूलों
और नदी की लहरों से

याद करो,
उस बेटे का चेहरा
जिसके सामने फेंक दिये हों
नोचक-नोचकर
उसकी माँ के वस्त्र

याद करो,
उस बूढ़े बाप का चेहरा
जिसने खेत जोता दिन भर
काटी फसल
बुहारा आँगन
मिली गालियाँ-दुत्कार जिसे
कठिन श्रम के बदले,

जिसकी बढ़ती बेटी के जिस्म पर
टिक जाती हैं गिद्ध नज़रें
याद करो उस बाप का चेहरा

याद करो,
उस सरकारी क्लर्क का चेहरा
जिसे पानी पिलाने से कतराता है
चपरासी

इन सबके बावजूद भी
तुम नहीं जानना चाहते
घृणा और प्रेम कहाँ से शुरू होते हैं ?

रास्ते की धूल अभी मौजूद है

शहर-दर-शहर घूमकर
जब वे लौटे
उनकी आँखों में
रास्ते की धूल मौजूद थी।

उँगलियों पर
स्याही के निशान गायब थे।

झोले में पड़ी किताबें
कबाड़ी की दुकान में जाकर
उनके लिए रात का शगल बनने की
प्रक्रिया से गुजर रही थीं
वे लौटे थे
बहसों से थककर
रातभर जागकर। उन्होंने लिखे थे कुछ नारे।

घण्टाघर की घड़ी
जो बरसों से बिना समय बताये भी
घड़ी होने का गुमान पाले हुए है
अपने ही अहम् से तुष्ट
धीमे-धीमे मुस्कुरा रही है।

चायघर में। कुछ लोग बहसों में उलझे हैं अभी तक
बिना यह जाने कि कल इस शहर में
कई वारदातें हो चुकी हैं
फिर भी सब कुछ शान्त है।

कुछ बुद्धिजीवी थाने में बन्द रहे हैं
रातभर
एक के बाद एक खाकी वर्दी
उनकी माँ-बहन की योनियों से
अपने सम्बन्ध जोड़ चुकी है
फिर भी घण्टाघर की घड़ी की तरह
ये बुद्धिजीवी धीमे-धीमे मुस्कुरा रहे हैं
बची-खुची किताबों को
कबाड़ी के पास बेचने
जा रहे हैं।

साँझ का धुँधलका
उनकी थकान बढ़ा देता है
क्योंकि, वे शहर-दर-शहर भटककर
अभी-अभी लौटे हैं
उनकी आँखों में
रास्ते की धूल, अभी मौजूद है !

रुँधे हुए शब्द

अभद्र गालियाँ और पाशविक दर्प
उतर आयें जब असंख्य पृष्ठों पर
सजी-सँवरी भाषा का मुखौटा पहन कर
तब कितनी बौनी हो जाती है कविता
कितना विशालकाय हो जाता है आदमखोर।

मुर्दा-संस्कृति की लाश पर
मँडराती चील जश्न मनाएगी
जिसके पंखों के साये में
संस्कृति का तकिया बनाकर
शिकारगाह में अधलेटा आदमखोर
निकाल रहा है
दाँत में फँसे मांस के रेशे
नुकीले खंजर से।

आप हँसें पीठ पीछे या खड़ी कर दें
लोहे की दीवारें रास्तों पर
किसी का घर फूँकें
या फैलायें दहशत
कर दें नाका बन्दी

हलाक होने से पहले
हर एक साँस बाहर उगलेगी
भीतर का लावा
मौत की कातर चीख बनकर
पूछेंगे सवाल रुँधे हुए शब्द–
क्यों नहीं आयी बाढ़ गंगा में ?
क्यों नहीं उठकर बैठ गया अधजला मुर्दा
काशी के मणिकर्णिका घाट पर ?
क्यों नहीं उमड़ा चक्रवात
महासागर की विस्तृत लहरों पर ?
जब पुष्प वर्षा की थी देवताओं ने
तपस्वी की हत्या पर !

वे भयभीत हैं

वे भयभीत हैं
इतने
कि देखते ही कोई किताब
मेरे हाथों में
हो जाते हैं चौकन्ने
बजने लगता है खतरे का सायरन
उनके मस्तिष्क और सीने में
करने लगते हैं एलान
गोलबन्द होने का।

वे भयभीत हैं
इतने कि समझने लगते हैं
आँधी
मेरे उच्छ्वासों को
जो बढ़ रहे हैं लगातार
उनके बन्द किले की ओर
जहाँ सुरक्षित हैं वे
फिर भी भयभीत हैं।

ढूँढ़ना चाहता हूँ मैं
बन्द किताब के पन्नों में

अपनी साँसें
स्याह अक्षर चुप्पी साधे
देख रहे हैं कनखियों से
सन्नाटों में डूबे किले की ओर।

खामोशी मुझे भयभीत नहीं करती।

मैं चाहता हूँ
शब्द चुप्पी तोड़ें
सच को सच
झूठ को झूठ कहें !

कभी सोचा है

तुम महान् हो,
तुम्हारी जिह्वा से निकला
हर शब्द पवित्र है–
मान बैठा था मैं।

तुमने पढ़ रखी हैं
ढेरों पुस्तकें
आता है दोहराना शब्दों को
बदलना अर्थों को।

सहिष्णुता तुम्हारी पहचान है

वर्ण-व्यवस्था को तुम कहते हो आदर्श
खुश हो जाते हो
साम्यवाद की हार पर

जब टूटता है रूस
तो तुम्हारा सीना 36 हो जाता है
क्योंकि मार्क्सवादियों ने
छिनाल बना दिया है
तुम्हारी संस्कृति को।

हाँ, सचमुच तुम सहिष्णु हो
जब दंगों में मारे जाते हैं
अब्दुल और कासिम
कल्लू और बिरजू
तब तुम सत्यनारायण की कथा सुनते हुए
भूल जाते हो अखबार पढ़ना।

पूजते हो गान्धी के हत्यारे को
तोड़ते हो इबादतगाह झुण्ड बनाकर।

कभी सोचा है
गन्दे नाले के किनारे बसे
वर्ण-व्यवस्था के मारे लोग
इस तरह क्यों जीते हैं ?
तुम पराये क्यों लगते हो उन्हें
कभी सोचा है ?

तुम्हारी गौरवगाथा

क्यों नहीं फड़कते बाजू मेरे
सुनकर तुम्हारी गौरवगाथा

क्यों लगता है हमेशा
परायापन तुम्हारी संस्कृति से
क्यों उद्वेलित नहीं करते
तुम्हारे अमूर्त भाव।

क्यों नहीं जगातीं आस्था
देवों की पाषाण मूर्तियाँ
जो गढ़ी हैं मैंने ही
छैनी-हथौड़े के सधे वार से।

क्यों नहीं जाग्रत हो जाता देवता
प्राण प्रतिष्ठा के बाद
क्यों रह जाता है जड़
भूख और जुल्म देखकर।

न जाने कितना दूध
बहा दिया तुमने नाली में
भूखे बच्चों से छीन कर

अरे, तुम्हारे इन्हीं कुकर्मों ने हमें
कंगाल बना दिया है।

फिर भी…!

काटे जंगल
खोदे पहाड़
बोये खेत
फिर भी रहे भूखे।

बनायी नहरें
खोदे कुएँ
लगाये नल
फिर भी रहे प्यासे।

लड़े युद्ध
जीते भूखण्ड
बदले राज
फिर भी रहे दास।

हाथों में अथाह शक्ति
सीने में धैर्य
मन में विश्वास
फिर भी सही दुत्कार।

नहीं बोये काँटे
बाँटे सिर्फ
सगुन प्यार के
फिर भी रहे अछूत !

सोचने नहीं देते

नहीं, मैं सोच नहीं पाता
उस तरह
जैसे सोच लेते हो तुम।

जब गुनगुनाते हो कोई पंक्ति
किसी प्राचीन ग्रन्थ से
मुझे याद आते हैं
अपने पुरखों के रक्त सने जिस्म
भयातुर चेहरे
बोझ से झुकी देह पर नीले निशान।

मैं जानना चाहता हूँ
अर्थ उन पंक्तियों का
जिन्हें गुनगुनाते हो,
अर्थ नहीं बताते तुम
सिर्फ व्यक्त करते हो शंकाएँ
मेरी जिज्ञासा पर।
उस वक्त, मैं सोच नहीं पाता
उस तरह जैसे सोच लेते हो, तुम

चायघरों में बैठकर
जब करते हो दार्शनिक विवेचन
समाज-व्यवस्था का,
मुझे याद आते हैं
बचपन के दिन
जब प्यास लगने पर
खड़ा रहना पड़ता था घण्टों
किसी कुएँ या नल के पास।

करनी पड़ी प्रतीक्षा
किसी जन्मना श्रेष्ठ के आने की।

मैं जानता हूँ अच्छी तरह
एक दिन भी पानी न मिले यदि तुम्हें
उठा लेते हो
ज़मीन-आसमान सिर पर।

एक मैं हूँ
जिसकी न जाने कितनी पीढ़ियाँ
रहीं प्यासी बिना पानी
युगों-युगों तक।

जब ऊँचे स्वर में
बात करते हो न्याय-अन्याय की
मुझे याद आते हैं
'आत्मदाह' में झुलसे अबोध युवक-युवतियाँ
जिनकी चीत्कारें मुझे सोचने नहीं देतीं
उस तरह जैसे सोच लेते हो तुम।

मुट्ठी भर सुकून

लकड़ी की पाटी पर बैठकर
वह कूटती है कपड़े
माँजती है बर्तन
डाँटती है बच्चों को
कुढ़ती है
चिल्लाती है
उस समय जब उसे होना चाहिए शान्त

अक्सर रहती है खामोश
जब उसे बोलना चाहिए
हँसती है
जब उसे सोचना चाहिए
लाल रंग के डोरे
पनपते हैं उसकी आँखों में
जब वह प्रेम करती है
हो जाती है उदास
जब टूटता है आकाश में कोई तारा

रात के सायों में
वह तलाशती है
अपने हिस्से का उजाला

धीरे से दुलारती है
गहरी नींद में सोये बच्चों को

पाषाण-रूप, खजुराहो की अपरूपा
अंक शायिनी,
धुन्ध भरे कुहासे-सी निःश्वास
कहीं दूर नींद की पगडण्डी पर
बर्फीली नदी की तरह
जम जाती है
या बिखर जाती है
साँसों की गर्म रेत पर
सुलगती है धुआँ-धुआँ
लालसाओं के अधूरे अग्निकुण्ड में

बाहर एक दुनिया है
जिसे वह पकड़ना चाहती है
भीतर एक दुनिया है
जिसे वह जानना चाहती है
आँगन में
पेड़ की तरह खड़ा भय
उसे शक्तिहीन कर देता है।

सुबह उठते ही वह
रात की स्याही
हवाले कर देती है धूप के
भर लेती है नया दिन
अपनी साँसों में
मुट्ठी भर सुकून के लिए।

लाशों के बाद भी

जलती बस्तियों में
लाशों के ढेर पर
वे दे रहे हैं वक्तव्य
सहिष्णुता और आस्था का
तर्कहीन कुकृत्य
उन्हें भयभीत नहीं करते
नहीं जगातीं सपनो में
दर्दनाक चीखें
इतने रक्तपात
इतनी आगजनी के बाद भी।

उनकी बारीक मुस्कुराहटें
सन्त बैरागी-सा चोला
उन्हें जरायमपेशा घोषित नहीं करता
स्वच्छ श्वेत परिधानों पर
गुनाहों का लालचौला
दिखायी नहीं पड़ता
कुछ आँखें देख रही हैं
खामोशी के साथ
अँधेरे की गहरी परतों में
खतरनाक साजिश

जो कड़ुवे धुएँ का चक्रव्यूह बनाकर
फँसा रहीं असंख्य अभिमन्यु।

फुटबाल की तरह
लुढ़क रहे हैं
रोजी-रोटी के लिए भटकते लोग
कभी इस पाले में
कभी उस पाले में
बार-बार पड़ती हैं चोटें
रिसता है जिस्म से लहू
जिस पर वे मनाएँगे जश्न
जो इतनी-इतनी लाशों के बाद भी
दे रहे हैं वक्तव्य
सहिष्णुता और आस्था का

खामोश आहटें

कभी नहीं माँगी बलिश्त भर जगह
नहीं माँगा आधा राज भी
माँगा है सिर्फ न्याय
जीने का हक
थोड़ा-सा आकाश
थोड़ा-सा पीने लायक पानी
थोड़ा-सा सुख
थोड़ा-सा चैन
थोड़ी-सी धूप
थोड़ी-सी हवा
थोड़ी-सी रोशनी
थोड़ी-सी किताबें
थोड़ा-सा बचपन
थोड़ा-सा अपनापन
जब-जब भी कुछ माँगा
वे गोलबन्द होकर टूट पड़े
मैं अवाक !
चक्रव्यूह में फँसे अभिमन्यु की तरह
देखता रह गया।
मैं जला हूँ,
असंख्य लाक्षागृहों में

भोगी है नग्न-वेदना
द्रोपदी-चीर-हरण की।
रक्तरंजित खड़ा मैं
सुन रहा हूँ खामोश आहटें
आनेवाले महाभारत की।

कर्फ्यू के बावजूद

शहर में बसी बारूद की गन्ध
एक खतरनाक मोड़ ले चुकी है
जहाँ हताशा और नैराश्य घेरा डालकर
बैठ गये हैं पुलिस बल की तरह।

तुम बुझी हुई अँगीठी के
अंगारे खोजने में/वक्त जाया मत करो
अंगारों की समूची आँच
सिपाही ले गये हैं अपने घर
हाथ सेंकने के लिए
इस एलान के साथ कि/स्थिति नियन्त्रण में है
और शहर में कर्फ्यू लगा दिया गया है।

फिर भी मैं कर रहा हूँ इन्तजार तुम्हारा
खुले किवाड़ रखकर
जबकि किवाड़ खुले रखना/जोखिम भरा है।

साँसों की हर एक गति खौफनाक ढंग से भयभीत है
पत्थरों से खायी चोटें/अब भी टीसती हैं
हर क्षण एक युद्ध जारी है
जहाँ हार-जीत दोनों ही मेरी है।

उथल-पुथल मची है/मेरे इर्द-गिर्द
जो न घर में रहने देती है/न बाहर।

मैं चाहता हूँ—एक सीधा-सपाट रास्ता
जो पहुँचा सके मुझे/तुम्हारे पास तक
या जिस पर चलकर तुम/आ सको मेरे दरवाजे तक
जिसमें यादों की घनी परछाइयाँ/धुंधली न पड़ें कभी
न जुड़ें गलत सन्दर्भों से।

मरुस्थली हवाओं का तेज बवण्डर
दहकता है ज्वालामुखी-सा/मेरे अन्तर्मन में
जिसे किसी ठण्डी नदी में डुबोकर
शान्त कर लेना चाहता हूँ/क्योंकि
इन आँधियों ने अक्सर पुकारा है/नाम तुम्हारा

जो गहरे अक्षरों में खुदा है मेरे भीतर
पुरातत्त्व के शिलालेख की तरह
जिसे समय की पर्त भी
झुठला नहीं सकती/इसीलिए कर्फ्यू के बावजूद
मैं कर रहा हूँ इन्तजार तुम्हारा
…किवाड़ खुले रखकर।

युद्ध

बालू के घरौंदे/किले नहीं होते
जहाँ बैठकर/कोई भी युद्ध लड़ा जा सके
उस वक्त

जब जिस्म को झकझोर देनेवाली आँधियाँ
दरवाजों, खिड़कियों पर
भारी-भरकम हाथों से वार कर रही हों
छल रही हों/रात और दिन की सन्धि रेखाएँ
फुसला देनेवाले शब्दों के/मुखौटे पहनकर।

और, पसर जाती हों खबरें/अक्ल की शक्ल में
घुस आती हों मुँह अँधेरे/बन्द दरवाजों के नीचे से
बन्द, हड़ताल और नारे/बेमानी हो जाते हैं
समय के साथ होते समझौतों में

क्योंकि; हर समझौता
आदमी को निगल जाता है/उसी तरह
जैसे इतिहास में खो जाता है
इतिहास रचनेवाला जनमानस
सिर्फ बचा रहता है/लड़े गये युद्धों का वर्णन
और उससे उपजे/निर्णयों का वीभत्स रूप

जहाँ सत्ता के गलियारों की चकाचौंध
उठापटक और सन्धियाँ/काली छाया बनकर
चिपकी रहती है युगों-युगों तक हर एक चेहरे पर।

समझौते और युद्ध/समय की गिरफ्त से छूटकर
कभी सड़क पर नहीं गिरते
जहाँ मिट्टी में सना लहू/किसी भी युद्ध की
शक्ल बदल देने के लिए प्रतीक्षारत है।

साथ ही अपनी समूची उष्णता को
धरती के भीतर रोप देना चाहता है
ताकि, विपरीत दिशा से आते
चक्रवातों को रोका जा सके !

दंगों के बाद

गर्म सलाखों से बिंधे
धुआँ-धुआँ जलते शहर में/बीचों-बीच खड़ा आदमी
संविधान की धाराओं-सा/सन्दर्भ हीन हो गया है
लगता है—अँधेरे और उजाले की
सन्धि-रेखा/वृत्ताकार बनकर
आदिम गुफा में परिवर्तित हो गयी है।

और, आदमी खोने लगा है/आवाज अपनी
दहकने लगा है; जंगल में लगी आग की तरह !
आग : जो समेट लेती है/अपने पराये सभी को
झुलस देती है/हर चीज को अपनी आँच से।

चौराहे पर/सैनिक टुकड़ी के पाँव तले
धर्म निरपेक्षता का परचम/दम तोड़ रहा है
जल रहा है
फिर एक बार; यह शहर नंगा हो गया है।

बदरंग पर्दों के पीछे/छिपी विद्रूपताएँ/उधड़ने लगी हैं
उगने लगी हैं/कँटीली झाड़ियाँ/हर एक हथेली पर
जहाँ कभी हमने/उगाये थे
कबीर के ढाई आखर !

पोस्टर

बहुत गिड़गिनाने के बाद भी
उन्होंने मुझे मजबूती से पकड़कर
मेरी पीठ पर पोत दी/ढेर सी लेई
और फिर चिपका दिया मुझे
सड़क के किनारे/ऊँची दीवार पर।

मेरे हाथों और पैरों में/छोटी-छोटी कीलें ठोंक कर
लिख दिये इन्द्रधनुषी नारे
मेरे मुँह पर/छाती और बाँहों पर
खींच दिये अनेक चिह्न/आड़ी-तिरछी रेखाओं में।

सड़क से गुजरते लोगों ने
मुझ पर सरसरी नजर डाली/और आगे बढ़ गए
दूसरे दिन, फिर कुछ लोग आये/झुण्ड बनाकर
और गर्म-गर्म बहसों में उलझ गये।

मैं, हैरान था/कि वे मुझे पहचान क्यों नहीं रहे हैं
सिर्फ पढ़ रहे हैं/उस इबारत को
जो मेरे जिस्म पर लिख दी गयी है।

मैंने चीखना चाहा/ऊँची आवाज में

किन्तु मेरे शब्द घुटकर रह गये/उनके शोर में
मैं दीवार पर चिपका देख रहा था
भीड़ को जुलूस में बदलते।

आपस में लड़ते-झगड़ते वे लोग
दोहरा रहे थे बार-बार/उन शब्दों को
जो मेरी छाती पर खोदे गये थे
तेज नुकीले चाकू से.......।

कल जब कोई तेज अन्धड़
बिखेर देगा मुझे जमीन पर/चिथड़े-चिथड़े करके
तब भीड़ में से/किसी एक को पकड़कर
फिर, चिपका दिया जायेगा/मेरी जगह
पोस्टर की शक्ल में।

चुप्प रहना

मुझे रहना था !

वे भी चाहते थे
मैं चुप रहूँ

यह अलग बात है–
ऐसी कोई शर्त
या अनुबन्ध
नहीं था हमारे बीच

साथ चलने का दिखावा
निरा दिखावा ही साबित हुआ
जब अपने पक्ष में बोलना चाहा मैंने

बोलता रहा जब तक
उनके पक्ष में
कोई एतराज नहीं था उन्हें

अपने पक्ष में बोलते ही
वे गोलबन्द होने लगे
समझाने लगे

शास्त्रीय विधि और अर्थ
बोलने का

मैं जानता हूँ
चुप्प रहना
कितना महँगा पड़ा है !

कविता सिर्फ कविता नहीं होती

पूरी कविता सुन लेने के बाद
उसने कवि से पूछा—
'किसके बारे में है यह कविता
कुछ खुलासा कीजिए' !

कवि शून्य में ताकने लगा।

साँसें उलझ गयीं कवि की
बौद्धिक विलास में
चेहरे पर छायी उदासी
बदलने लगी रंग
अखबार की सुर्खियों की तरह

कविता की एक पंक्ति उठाकर उसने
थमा दी कवि के हाथों में
दिन की धूप
रात के साये में बदलकर
फैल गयी कवि की हथेली पर।

कविता की जगह लड़की
लड़की की जगह सन्नाटा

सन्नाटे की जगह चीख
चीख की जगह गाली
गाली की जगह डण्डा
डण्डे की जगह गोली
....
....
....

कुछ भी बदल जाये
कविता मौन है।

कविता सिर्फ कविता नहीं होती
जिसे जब चाहा
जैसा चाहा ओढ़-पहन लिया
जब चाहा उतार कर फेंक दिया।

कविता की चुप्पी
बहुत सर्द होती है
आधी रात में भी गूँजती है
चौकीदार की सीटी की तरह
जो हमारी नींद में भी
देती है पहरा
हमारे ख्वाबों का !

वर्तमान, अतीत का ही प्रतिफल होता है !

सभी जलाशय सूखकर
जब गहरे गड्ढों में परिवर्तित हो जायेंगे
दरक जायेगी समूची धरती
दरारों से झाँकेगा गहन अँधेरा

ओ, वर्णाश्रम के किलेदार
उस वक्त खोजते फिरोगे
उस काले-कलूटे, दरिद्र
प्रताड़ित मानव को
जिसे दुत्कार कर खड़ा कर दिया बाहर
तुम्हारे पुरखों ने

बंजर खेतों से उठती लपटों से
सिहर उठेंगे देवता
मृत्यु के विकराल जबड़ों में फँसी
संस्कृति की तमाम आत्मवंचनाएँ
सिसक-सिसक कर
दुहराएँगी अतीत की
कुटिल आत्मघाती उक्तियाँ

वर्तमान,
अतीत का ही प्रतिफल होता है !

रिश्ते इतने कमजोर क्यों होते हैं ?

रिश्ते बनते हैं
तो पेड़ पर हरी पत्तियाँ गमक उठती हैं
रास्तों में बिखर जाती है खुशबू

रिश्ते टूटते हैं
तो खबर हो जाती है पेड़ को
चिड़िया उड़ जाती है
घोंसलों में उदासी छोड़कर

बच्चे पूछते हैं
घोंसले खाली क्यों हैं
कहाँ गयी चिड़िया ?

शब्द परिभाषित नहीं होते
पंखों की तरह
लहराते हैं हवा में
ज़मीन पर आने से पहले

आखिर रिश्ते इतने कमजोर क्यों होते हैं ?

क़द

जिस रास्ते चलकर तुम पहुँचे हो
इस धरती पर
उसी रास्ते चलकर आया मैं भी
फिर तुम्हारा क़द
इतना ऊँचा
कि आसमान भी छू लेते हो
तुम आसानी से
और मेरा क़द इतना छोटा
कि मैं छू नहीं सकता
ज़मीन भी !

वे भूखे हैं

वे भूखे हैं
पर आदमी का मांस नहीं खाते
प्यासे हैं
पर लहू नहीं पीते
नंगे हैं
पर दूसरों को नंगा नहीं करते
उनके सिर पर
छत नहीं है
पर दूसरों के लिए
छत बनाते हैं।

जाति

स्वीकार्य नहीं मुझे
जाना,
मृत्यु के बाद
तुम्हारे स्वर्ग में।
वहाँ भी तुम
पहचानोगे मुझे
मेरी जाति से ही !

बस्स ! बहुत हो चुका

जब भी देखता हूँ मैं
झाड़ू या गन्दगी से भरी बाल्टी-कनस्तर
किसी हाथ में
मेरी रगों में
दहकने लगते हैं
यातनाओं के कई हज़ार वर्ष एक साथ
जो फैले हैं इस धरती पर
ठण्डे रेतकणों की तरह।

मेरी हथेलियाँ भीग-भीग जाती हैं
पसीने से
आँखों में उतर आता है
इतिहास का स्याहपन
अपनी आत्मघाती कुटिलताओं के साथ।

झाड़ू थामे हाथों की सरसराहट
साफ सुनायी पड़ती है भीड़ के बीच
बियाबान जंगल में सनसनाती हवा की तरह।

वे तमाम वर्ष
वृत्ताकार होकर घूमते हैं

करते हैं छलनी लगातार
उँगलियों और हथेलियों को
नस-नस में समा जाता है ठण्डा-ताप।

गहरी पथरीली नदी में
असंख्य मूक पीड़ाएँ
कसमसा रही हैं
मुखर होने के लिए रोष से भरी हुई।

बस्स !
बहुत हो चुका
चुप रहना
निरर्थक पड़े पत्थर
अब काम आयेंगे सन्तप्त जनों के !

वे नहीं जानते

हाथ में लिये झाड़ू
और टूटा-फूटा कनस्तर
सुबह मुँह अँधेरे
घर से निकलती माँ को देखकर
कभी नहीं रोया बच्चा
डरा नहीं अकेले घर में
अँधेरे कोने से
या गली में गुर्राते कुत्ते से।

सूखे स्तन में
नहीं अकुलाती दूध की गंगा।

गली-मुहल्लों की गन्दगी ढोते-ढोते
भूल जाती है माँ
पीछे छोड़ आयी दो मासूम आँखों को
जो टकटकी लगाये
देख रही हैं राह
उसके लौट आने की।

शहर की खूबसूरत वादियों में
धब्बों की तरह

किलबिलाते हैं हज़ारों माँ-बेटे
जिनकी पीड़ा का उच्छ्वास
बन्दूक की गोली से निकलते धुएँ में
डूबी चीख-सा
निस्पृह मुद्रा में
बेबस पड़ा है
गन्दे नाले के किनारे।

शहर लगातार
अपनी ऊँचाइयाँ नाप रहा है
काली सपाट सड़कों पर
चमचमाती गाड़ियाँ तीव्र गति से
दौड़ रही हैं।

इन्द्रेश नगर, चुक्खुवाला
छबील बाग, चन्दन नगर
डी.एल. रोड,
बसे असंख्य माँ-बेटे
बेखबर हैं दुनिया की गति से।

बेखबर हैं
गली में चिपके पोस्टर से।

पोस्टर : जिसे बनना चाहिए था
चेतना का संवाहक
हो गये हैं
बताने में असमर्थ
कि माँ-बेटे दोनों
किसी एक बिन्दु पर

एक जैसे क्यों हैं
ध्रुव तारे की तरह अडिग
जहाँ समय की सभी सीमाएँ
बौनी हो गयी हैं।

माँ-बेटे को नहीं पता
इन्द्रेश नगर में
मकान इतने छोटे और सँकरे क्यों हैं
क्यों है इतना अन्तर
छबील बाग के गन्धयाते मकानों
और नया डालनवाला की आलीशान कोठियों में।

पल्टन बाजार की जगमगाती
रोशनी में
क्यों रामकली की बिटिया
डरी-डरी-सी खरीदती है
माथे की टिकुली और लिपस्टिक।

शहर के बीचों-बीच
सड़क के किनारे
खड़े दो जिबली के खम्भे
और उनके बीच में
थकी-हारी हाथ-गाड़ी
रात होते ही
क्यों झोंपड़ी में बदल जाती है।

वे नहीं जानते,
दून स्कूल और नगर पालिका के विद्यालय
एक-जैसे क्यों नहीं हैं

गान्धी इण्टर कॉलेज की कक्षाओं में
टूटा-फूटा फर्नीचर
और हवा में झूलता बिजली का लट्टू
किस शिक्षा-प्रणाली का प्रतीक है।

शायद यह शहर
ये सब बताने में असमर्थ है
इसीलिए तो,
माँ बेटे की भाषा में संवादहीनता है,
सिर्फ एक खुरदरा स्पर्श है
जो आशा की किरण जगाता है
जिन्दगी की जिजीविषा में।

वरना इन्द्रेश नगर
चुक्खुवाले की तंग
आड़ी-तिरछी,
ऊँची-नीची गलियों में
दम तोड़ता लोकतन्त्र
समूचे कोलाहल को लीलकर
समवेत स्वर में
चीखने नहीं देता।

रिस्पना और बिन्दाल का सूखा
पथरीला पाट
समय की गवाही देना भूल चुका है।

माँ बेटे
दोनों ही अभिशप्त और पराजित हैं
दोनों की आँखों में

उभरते हैं कुछ सवाल
जो उसी क्षण मर जाते हैं
खामोशी के साथ।

सवाल : जिन्हें होना चाहिए था
इस सदी का ज्वालामुखी,
खड़ा होना चाहिए था
रक्त-रंजित सड़कों पर
बेबसी और कायरता की जंजीरें तोड़कर।

कितनी सहन शक्ति !
कितना धैर्य !
युगों-युगों से दारिद्रय की विभीषिका में
गुम होती पीढ़ियाँ
मटमैले धुएँ में
अपनी हथेलियों पर सिर टिकाये
बैठी हैं।

बस, फर्क है यदि कुछ तो इतना
कि उनके श्रम का मूल्य
शहर बढ़ती ऊँचाई के साथ
घट रहा है
गिन रहा है साँसें
कन्धों से तलवों तक
फिसलता पसीना
तंग गलियों में।

इसीलिए तो,
सुबह घर से निकलती माँ

और शाम को निढाल-थकी
अँधेरे में घर लौटती स्त्री
एक-सी दिखायी पड़ती है।

शहर में डुग्गी पिटती है
पूरे देश की तरह
यहाँ भी लोकतंत्र है
जिसमें सभी को जीने का पूरा हक है
यह अलग बात है
कुछ लोग पैदा होते ही लखपति हैं
और कुछ तमाम उम्र नहीं देख पाते
एक हजार रुपये एक साथ।

शहर की सड़कें
धीरे-धीरे गलियों में तब्दील हो रही हैं
और गलियाँ पगडण्डियों में
जिन्हें वहशीयत के पाँव तले
रौंद दिया जायेगा
खतरनाक इरादों के साथ।

उस वक्त,
माँ-बेटे की चीखें
ठण्डे चूल्हे में
दुबक कर बैठ जायेंगी,
और शहर का लोकतन्त्र
राजधानी जाकर
गणतन्त्र दिवस पर
जश्न मना रहा होगा।

कितना खोखला है
यह सब !
और कितना घृणित भी !

जब हरियाली आँखों में चुभने लगे
साँझ होते ही,
गन्दे नाले में, बहते पानी से
दुर्गन्ध उठकर
दरवाजों पर दस्तक देने लगे
माँगने लगे
माँ-बेटे से बचा-खुचा रक्त भी !

रक्त : जिसे फूट पड़ना चाहिए था
विस्फोट की तरह
चारों ओर फैलते
जहरीले धुएँ के खिलाफ
और,
जिसकी समूची ऊष्मा सोखकर
यह शहर जोंक की तरह फूल रहा है।

चारों ओर से घेराबन्दी करके
रोक रखा है आदमी को
और फिर किसी रोज अचानक
निकाल दिया जायेगा
उसकी भाषा से
आज़ादी का अर्थ
भुला दिया जायेगा
जिन्दा और मुर्दा लाशों का अन्तर।

इतिहास खामोश है
खामोश है
पहाड़ों से टकराती ताजा हवाएँ भी
जो इन बस्तियों से निकल जाती हैं
चुपके-चुपके
किसी अभिजात्य नेता की तरह।

फैला हुआ है
चारों ओर साँवला धुआँ।

धुआँ : जिसकी छाया में
माँ-बेटे
अपने जिस्म का मांस-मज्जा
मेरुदण्ड
आग में झोंक कर
धुँधया रहे हैं
चूने-भट्ठों की शक्ल में।

वंशज

दीवार बनकर खड़े हैं दुःख
चुभते हैं विषैले शूल की तरह
रिसता है लहू जल प्रपात-सा
थकी-हारी देह से।

'नियति' के बहाने
अच्छा प्रपंच रचा है तुमने
जख्मों से पटे चेहरे
अब पहचाने नहीं जाते।

अरे,
अब तो मान लो
किस सभ्यता के वंशज हो तुम !

भय

तुम्हारे हाथ बढ़े होते
मेरी ओर
प्रेम गन्ध का स्पर्श लेकर
सच कहता हूँ
मैं सीने से नहीं
लिपट जाता तुम्हारे कदमों से
बिछ जाता
धूल बनकर ज़मीन पर।

बिछा तो अब भी हूँ—

प्रेम की आसक्ति पर नहीं
तुम्हारे खूनी पंजों से डर कर !

अच्छे लगते हैं

अच्छी लगती है चिड़िया
और उसका चहचहाना
उससे भी ज्यादा अच्छा लगता है
बच्चों का खिलदंड पन
और उनकी शरारतें।

आकर्षित करती हैं नदियाँ
उनका बहता पानी
उससे भी ज्यादा खींचता है अपनी ओर
चप्पू चलाता मल्लाह
उसके जिस्म से टपकता पसीना।

अच्छे लगते हैं पहाड़
और बर्फ से ढकी चोटियाँ
उससे भी ज्यादा अच्छे लगते हैं
स्याह परछाईं गहरी होने से पहले
घर लौटते,
थके-माँदे पहाड़वासी
और उनके खच्चर
हो जाते हैं पाँव
जिनके सख्त

ढोते हुए पहाड़ की पगडण्डियाँ।

अच्छा लगता है समन्दर
उमड़-घुमड़कर बरसते बादल
उससे भी ज्यादा अच्छे लगते हैं
वे लोग जो खटते हैं रात-दिन
खेतों में
मौसम से लड़ते हुए।

अच्छे लगते हैं पेड़
और उनका हरापन
उससे भी ज्यादा अच्छे लगते हैं
हँसते, खिलखिलाते वे लोग
जो नफरत नहीं करते
आदमी से
सपने में भी !

वसन्त को मरे तो युग बीत गये

शब्दों की मानुष गन्ध से
एतराज है उन्हें
छिल जाती है उनकी नर्म चमड़ी
खुरदरी छुअन से।

शब्दों के गुमसुम तरीके
उन्हें पसन्द हैं
जो चुपचाप धँस जाते हैं
खूबसूरत गलीचों में।

भद्र जनों की शालीनता पर
मुखर होते शब्द
उन्हें डराते हैं
वे शब्द जो नहीं मानते
अतीत की हर एक विडम्बना को
उच्च आदर्श

वे चाहते हैं–
शब्द बन जाये तितली।

शब्द जानता है–

तितली बन जाने के बाद
क्या होगा !

वसन्त को मरे तो
युग बीत गया है !

शब्द साथ नहीं देते

बहुत चाहा लिखना कविता
आदमी के दुखों पर
जो ठिठुरता है सर्दियों में
मरता है लू के थपेड़ों से
डूबता है बाढ़ में।

शब्द साथ नहीं देते !

शास्त्र चुप्पी साधकर
बैठे हैं
फटे कम्बल
और सर्द मौसभ के रिश्ते पर।

बूढ़ी, थकी-हारी उँगलियाँ
टटोलती हैं अँधेरे में
माचिस
धुँधली आँखों से।

शब्द असमर्थ हैं
असहाय भी
जो नहीं बन पाते कविता

न माचिस ही
बूढ़ी लाचार उँगलियों की।

बहुत चाहा लिखना कविता
शब्द साथ नहीं देते।

शख्सियत की पहचान

लौहद्वार करते हुए पार
ठिठक जाते हैं
हर रोज कदम।

उतर जाती हैं रक्त शिराओं में
खाकी वर्दी की नज़रें,
टटोलने लगते हैं परिचय-पत्र
स्वचालित हाथ
कन्धे पर लटके बैग में।

लौहद्वार के उस पार
आकृति विहीन मटमैली लकीरें
चिपकी हैं बदरंग दीवार पर
बारिश का अक्स बनकर
जो भरसक प्रयासों के बाद भी
छिपा नहीं पाती अपनी विद्रूपता
उभर आती है बार-बार
हर मौसम के बाद।

खामोश खड़ा है बॉटल पाम
सुनता है सरगोशियाँ

पास से गुजरते कदमों की
साक्षी बनकर
बदलते मौसम का।

बॉटल पाम चुप है
मुँह नहीं खोलता
मौसम की बेहयायी के खिलाफ।

पंख फड़फड़ाकर उड़ती है चिड़िया
करती है आह्वान–
'क्या फायदा ऐसे जीने का
पेड़, कुछ तो बोलो !'

पेड़ चुप है।

कागज का टुकड़ा
लहराकर हवा में
गुजरता है कई हाथों से
परिचय-पत्र बनने से पहले
फिर भी,
नहीं बन पाता
पहचान
हमारी शख्सियत की !

मेरे पुरखे

तुमने कहा—
ब्रह्मा के पाँव से जन्मे शूद्र
और सिर से ब्राह्मण
उन्होंने पलट कर नहीं पूछा—
ब्रह्मा कहाँ से जन्मा ?

तुमने कहा—
सेवा ही धर्म है शूद्र का
उन्होंने नहीं पूछा—
बदले में क्या दोगे ?

तुम खुश थे—
गुलाम पाकर।

वे भी खुश थे
तुम्हारी खुशी देखकर
सौंपकर अपनी तमाम शक्ति
तुम्हारे हाथों में।

तन पर कपड़े नहीं
पेट में अन्न नहीं

जख्म इतने फिर भी
वे हँसते थे
तुम्हें हँसता देखकर

वे नहीं जानते थे
कवायद करना
लूटना–
निर्बल और असहाय को !

नहीं जानते थे
हत्या करना
वीरता की पहचान है
लूट-खसोट अपराध नहीं
संस्कृति है।

कितने मासूम थे वे
मेरे पुरखे
जो इन्सान थे
लेकिन अछूत थे !

सत्य की परिभाषा

यातनाओं और साजिशों की
विषैली धुन्ध
फेफड़ों में समेटकर भी
बचे रह गये
सदियों के अवसाद
दुक्ख और सन्ताप।

कुछ साल
कुछ महीने
या कुछ दिन ही सही
संग-साथ रहकर देखो
क्या होता है
जिन्दगी का सत्य।

तभी बता पाओगे सही-सही
जो सत्य है
क्या वही शिव है
और सुन्दर भी।

नर्म त्वचा
नहीं सह पायेगी ज्यादा देर

मक्खियों का भिनभिनाना।

सुअरों की गन्ध
और नालियों में बहती बदबू
जब घुसने लगेगी नासिक रन्ध्रों में
इनकार कर देंगे फेफड़े
साँस लेने से।

अभिजात्यता पर पड़ जायेंगे छींटे
भदेस भाषा के
जिससे बचने के
खोज रखे हैं तुमने
अनेक रास्ते।

तंग गलियों के अँधेरे
भुला देंगे
पवित्र ऋचाओं का पाठ
श्लोक और मन्त्रों का जाप,

सत्य की अनेक परिभाषाएँ
बन्द हैं तुम्हारी पुस्तकों में
अनेक व्याख्याएँ दर्ज हैं
मस्तिष्क के कोष्ठकों में।

कैद कर रखा है तुमने तहखानों में
संस्कृति को
मैं पूछता हूँ–
"संस्कृति क्या तुम्हारी रखैल है ?"

वह दिन कब आयेगा

मेरी माँ ने जने सब अछूत ही अछूत
तुम्हारी माँ ने सब बामन ही बामन।

कितने ताज्जुब की बात है
जबकि प्रजनन क्रिया एक ही जैसी है।

वह दिन कब आयेगा
जब बामनी नहीं जनेगी बामन
चमारी नहीं जनेगी चमार
भंगिन भी नहीं जनेगी भंगी।

तब नहीं चुभेंगे
जातीय हीनता के दंश।

नहीं मारा जायेगा तपस्वी शंबूक
नहीं कटेगा अंगूठा एकलव्य का
कर्ण होगा नायक
राम सत्ता लोलुप हत्यारा।

क्या ऐसे दिन कभी आयेंगे ?

●●●